The
COMPLETE FRENCH
for CATS

The
COMPLETE FRENCH
FOR CATS

French for Cats

AND

Advanced French
for
Exceptional Cats

Henri de la Barbe

(HENRY BEARD)

ILLUSTRATIONS BY GARY ZAMCHICK

A JOHN BOSWELL ASSOCIATES BOOK

VILLARD **V** NEW YORK

2005 Villard Books Trade Paperback Edition

Copyright © 1991, 1992 by Henry Beard

Published in the United States by Villard Books,
an imprint of The Random House Publishing Group,
a division of Random House, Inc., New York.

VILLARD and "V" CIRCLED Design are registered
trademarks of Random House, Inc.

French for Cats was originally published in hardcover
in the United States by Villard Books, an imprint of
The Random House Publishing Group, a division of
Random House, Inc., in 1991.

Advanced French for Cats was originally published in
hardcover in the United States by Villard Books, an
imprint of The Random House Publishing Group,
a division of Random House, Inc., in 1992.

ISBN 0-8129-7578-2

Printed in the United States of America
on acid-free paper

www.villard.com

9 8 7 6 5 4 3 2

Book design by Barbara Cohen Aronica
Assistance in French translation by Luc Brébion

INTRODUCTION

Un message personnel et important
du chat de M. Jacques Chirac,
le Président de la République Française,
a l'occasion de la publication
de l'édition anniversaire de
Français pour les Chats *et*
Français Avancé pour les Chats
Exceptionnels:

Miaou!

French for Cats

All the French Your Cat
Will Ever Need

The Cat
Le Chat

The Major Cat Parts
Les Parties Importantes du Chat

The Whiskers
Les Moustaches

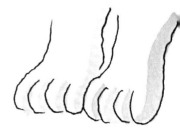

The Paws
Les Pattes

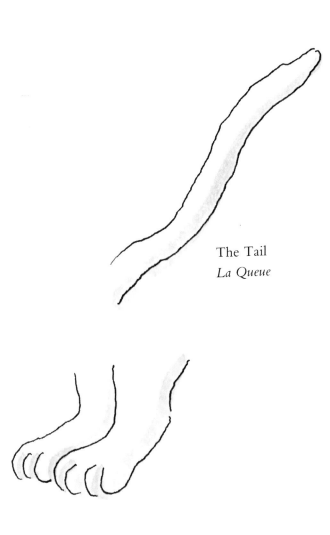

The Tail
La Queue

The Basic Cat Wardrobe
Les Vêtements Essentiels du Chat

The Bell
La Clochette

The Flea and Tick Collar
Le Collier Contre les Puces et les Tiques

The Name Tag
La Plaque d'Identité

The Cat Names
Les Noms du Chat

I will answer to these names:
Je répondrai à l'appel de ces noms:

Serafina	*Séraphine*
Caesar	*César*
Cleo	*Cléo*
Esmeralda	*Esméralda*
Mephisto	*Méphisto*
Sybil	*Cybèle*

I will not answer to these names:
Je ne répondrai pas à l'appel de ces noms:

Muffin	*Miche*
Fluffy	*Peluche*
Felix	*Félix*
Mittens	*Moufles*
Kitty	*Minet*
Garfield	*Garchamp*

What I Do
Ce Que Je Fais

I meow
Je miaule

I purr
Je ronronne

I sleep
Je dors

I sit and stare at nothing for hours on end

Je reste assis et je regarde fixement dans le vide pendant des heures

I run rapidly from room to room for no apparent reason

Je cours rapidement d'une pièce à l'autre sans aucune raison apparente

What I Do Not Do
Ce Que Je Ne Fais Pas

I do not "fetch"
Je ne "rapporte" pas

I do not
catch Frisbees
in my mouth

*Je n'attrape pas
les Frisbees
dans ma bouche*

I do not chase cars
Je ne cours pas après les voitures

I do not guard houses
Je ne garde pas la maison

The Food Bowl
Le Bol pour Manger

The Four Cat Food Groups
Les Quatre Aliments de Base du Chat

One: The Dry Food
Une: La Bouffe Granulée

Two: The Canned Food
Deux: Les Conserves

Three: The Natural Foods
Trois: Les Vivres Fraîches

The Bird
L'Oiseau

The Mouse
La Souris

The Fish
Le Poisson

The Big Ugly Bug
La Vilaine Grosse Bestiole

Four: The Forbidden Foods
Quatre: *Les Aliments Tabous*

The Rubber Band
L'Élastique

The Piece of String
Le Bout de Ficelle

The Dried Flower Arrangement
La Composition de Fleurs Séchées

The Paper Clip
Le Trombone

The Tinsel
Les Cheveux d'Ange

The Potted Plant
La Plante en Pot

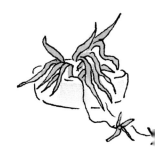

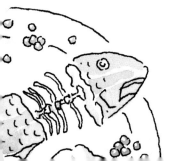

The Food Left
Unguarded on
the Table

*Les Aliments
Qu'On a
Laissés Sans
Surveillance
sur la Table*

I want
food in
my bowl

*Je veux
qu'on remplisse
mon bol*

I want
food in my
bowl now

*Je veux
qu'on
remplisse
mon bol
immédiatement*

I'm waiting
J'attends qu'on me serve

The Unpleasant Medicinal Additives
Les Médicaments Désagréables

The Nasty
Gob of Goo

*La Chose Gluante
et Dégoûtante*

The Foul-Tasting
Liquid

*Le Liquide
Répugnant*

The Heap of
Bitter Powder

*Le Tas de
Poudre Amère*

Do not put additives
in my food unless you
are sure that I am dying

*Ne mettez pas de médicaments
dans ma nourriture à moins
que vous soyez sûr que
je suis en train de mourir*

The Litter Box
La Boîte du Chat

The Kitty Litter
La Litière pour les Chats

I need to use my litter box
Il faut que je me serve de ma boîte

A little privacy, please

*Je désirerais me cacher des regards
indiscrets, si cela ne vous dérange pas*

It is time to change
the kitty litter

*Le moment est venu
de changer la litière*

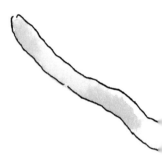

The Nap
Le Petit Somme

The Nap Place
L'Endroit du Somme

Perhaps there has been
some misunderstanding

*Il y a peut-être
eu un malentendu*

Remove yourself from my nap
place at once

*Sortez de l'endroit où je fais
mes sommes immédiatement*

The Cat Bath
Le Bain à Coups de Langue

I prefer to
give myself
my own bath

*Je préfère
me laver
tout seul*

This sometimes can have
an irritating side effect

*Parfois ça peut avoir
un effet secondaire agaçant*

The Fur Ball
La Boule de Poils

I think I am going to
cough up a fur ball

*Je crois que je vais
cracher une boule de poils*

Here it comes now
Attention, ça vient

Voila

Voilà

The Scratching Post
Le Poteau pour Faire Ses Griffes

The Sofa
Le Canapé

I would much rather
scratch the sofa

*J'aimerais beaucoup
mieux griffer le canapé*

I also like to scratch
the handmade silk drapes

*J'aime aussi griffer
les tentures de soie faites à la main*

And the priceless
oriental carpet

*Et le tapis
oriental inestimable*

The Territory
Le Territoire

The Tabby Cat
from Next Door

*Le Chat Tigré
de la Maison d'à Côté*

The Siamese Cat
from the House in Back

*Le Chat Siamois
de la Maison du Fond*

Moi

The Tomcat
from Across
the Street

*Le Matou
de l'Autre
Côté de la Rue*

I like to sit in
my territory

*J'aime m'asseoir dans
mon territoire*

I like
to climb
large trees
in my
territory

*J'aime
grimper
aux grands
arbres
dans mon
territoire*

I am less fond
of climbing down

*J'aime moins
en descendre*

The Cat Carrier
Le Porte-Chat

I do not like the
cat carrier

*Je n'aime pas
le porte-chat*

I do not like
to go to hot
places with
no mice

*Je n'aime pas
aller là où il fait
très chaud et
où il n'y a pas
de souris*

I do not like
to go to
other cats'
houses

*Je n'aime
pas aller
chez d'autres
chats*

As a matter of fact,
I do not like to leave
my territory for any reason
whatsoever

En fait, je n'aime pas
sortir de mon territoire
pour quelle que raison que ce soit

The Vet
Le Vétérinaire

Most of all
I do not like
to go to the vet

Surtout je n'aime
pas aller
chez le
vétérinaire

I do not want
to be stuck
with a huge needle

*Je ne veux pas
qu'on me pique
avec une aiguille énorme*

I do not want
to have all my
toenails pulled out

*Je ne veux pas
que mes ongles
soient arrachés*

I do not want
to be neutered

Je ne veux pas être châtré

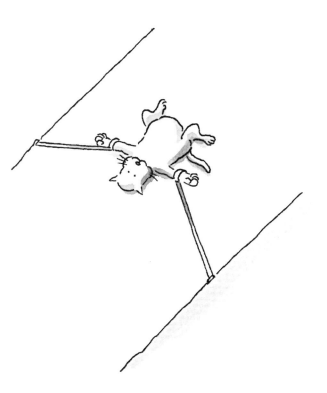

I do not want to take
the Big Nap before my
nine lives are up

*Je ne veux pas faire
le Grand Somme avant
que mes neuf vies soient épuisées*

The Play
Le Jeu

The Cat Toys
Les Jouets de Chats

The Rubber Mouse
La Souris en Caoutchouc

The Cloth Mouse
La Souris en Tissu

The Ball of Yarn
La Pelote

The Ball with a Bell in It
La Balle avec une Clochette Dedans

The cat toys are boring
Les jouets de chats sont ennuyeux

I do not wish to play with my cat toys
Je ne veux pas m'amuser avec mes jouets

The Things That Are Not,
Strictly Speaking, Cat Toys,
But Which Nevertheless
Have Great Play Value

Les Choses Qui Ne Sont Pas,
à Proprement Parler,
des Jouets de Chats, Mais Qui Ont
Tout de Même une Grande Valeur pour le Jeu

The Vase
Le Vase

The Lamp
La Lampe

The Knickknack
Le Bibelot

The Little
Crystal
Candy Dish

*Le Petit Plat
en Cristal
Rempli de Bonbons*

I like to play with things
that are not, strictly speaking,
cat toys

*J'aime jouer avec les choses qui ne sont
pas, à proprement parler, des jouets
de chats*

Alas, they are not very durable
C'est la vie

The Hunt
La Chasse

The Stealthy Pursuit
La Poursuite Furtive

The Final Approach
L'Assaut Final

The Pounce
L'Attaque

The Preferred Prey
La Proie Préférée

The Cute But Stupid
Little Furry Thing
Le Petit Animal à Fourrure
Mignon Mais Stupide

The Baby Bird That Has
Not Yet Mastered the Art of Flight
Le Bébé Oiseau Qui n'a Pas
Encore Maîtrisé l'Art du Vol

The Rejected Prey
La Proie Refusée

Whatever Has Been
Tearing Up the Lawn

Qui a Labouré la Pelouse

Whatever Has Been Eating
All the Flowers

Qui a Mangé Toutes les Fleurs

Sometimes I choose to
play with my prey

*Tantôt je choisis de jouer
avec ma proie*

Sometimes I decide to
rip my prey to shreds

*Tantôt je décide de déchirer
ma proie en petits morceaux*

And sometimes I just like
to carry my prey around

Et tantôt j'aime tout simplement
porter ma proie ici et là

Where do you want me to put this?

Où voulez-vous que je mette ça?

The Enemies
Les Ennemis

The Bad Dog
Le Mauvais Chien

The Neighbor's Cat
Le Chat du Voisin

The Lawn Mower
La Tondeuse à Gazon

The Mean Child
L'Enfant Méchant

I wish that the lawn mower
would run over the neighbor's cat

*Je voudrais que la tondeuse à gazon
écrase le chat du voisin*

I wish the bad dog
would bite the mean child

*Je voudrais que le mauvais chien
morde l'enfant méchant*

When I meow, it means . . .
Quand je miaule, ça veut dire . . .

I am hungry . . . I want food in my bowl . . . I want food in my bowl right now . . . I am not dying—do not put that goo on my food . . . You are in my nap place . . . Here comes a fur ball . . . The cat door is broken . . . I want to go out . . . I want to come in . . . Brush me . . . Get my cat toy out from under the sofa . . . It is time to change the litter . . . Why did you get out the cat carrier? I do not want to go to the vet . . . There is a bad cat in my territory . . . I just put a mouse in the bureau drawer . . . I do not like this new dried food . . . I am wet . . . I hate being wet . . . I did not break that vase . . . Get me down from this tree . . . I need to use my litter box . . . I feel an overpowering urge to run rapidly from room to room . . . Please kill the dog next door . . . Hello . . . Good-bye . . .

J'ai faim . . . Je veux qu'on remplisse mon bol . . . Je veux qu'on remplisse mon bol tout de suite . . . Je ne suis pas en train de mourir—ne mettez pas cette chose gluante sur ma nourriture . . . Vous êtes assis là où je fais mes sommes . . . Voici une boule de poils . . . La porte du chat ne marche pas . . . Je veux sortir . . . Je veux rentrer . . . Brossez-moi . . . Allez chercher mon jouet sous le canapé . . . C'est le moment de changer la litière . . . Pourquoi avez-vous sorti le porte-chat? Je ne veux pas aller chez le vétérinaire . . . Il y a un chat méchant dans mon territoire . . . Je viens de mettre une souris dans le tiroir de la commode . . . Je n'aime pas ce nouveau type de bouffe granulée . . . Je suis mouillé . . . Je déteste être mouillé . . . Je n'ai pas cassé ce vase . . . Aidez-moi à descendre de cet arbre . . . Il faut que je me serve de ma boîte . . . Je me sens un irrésistible besoin de courir rapidement d'une pièce à l'autre . . . Je vous en prie, tuez le chien de la maison d'à côté . . . Bonjour . . . Au revoir . . .

Advanced French for Exceptional Cats

Sophisticated French for a Cat as Smart as Yours

The Exceptional Cat
Le Chat Exceptionnel

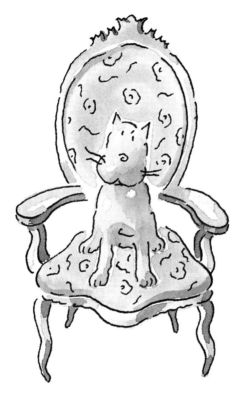

I *am* the cat

Le chat, c'est moi

The Qualities of the Exceptional Cat
Les Qualités du Chat Exceptionnel

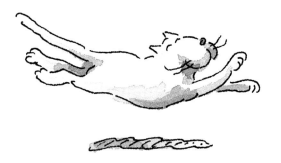

Joie de Vivre

La Joie de Vivre

Savoir Faire

Le Savoir-faire

Sangfroid

Le Sang-froid

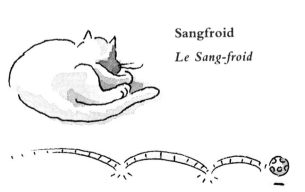

Finesse

La Finesse

Chic
Le Chic

A Certain Je Ne Sais Quoi
Un Certain Je-ne-sais-quoi

Etiquette
L'Étiquette

I have the honor to present you with this
mostly dead chipmunk

*J'ai l'honneur de vous offrir ce suisse presque
complètement mort*

Please accept my warmest personal regards

*Veuillez agréer l'expression de mes salutations les
plus distinguées*

Taste
Le Goût Raffiné

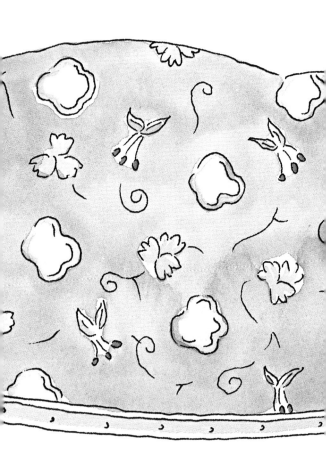

In terms of decor, I prefer the overstuffed
English country look

*Comme décor, je préfère le look rembourré d'une
maison de campagne anglaise*

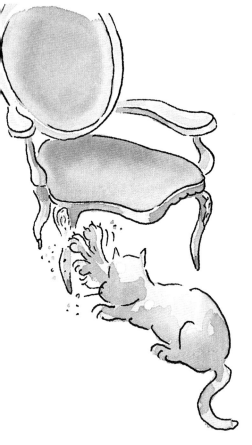

Louis XIV furnishings are impressive, but the wood is too splintery and the little flakes of gilt get under your claws

Les meubles de style Louis Quatorze font grande impression, mais leur bois a tendance à s'effriter et les petites paillettes de dorure se mettent sous les griffes

Modern furniture is – in a
word – an abomination

*Le mobilier moderne est – en un
mot – une abomination*

Breeding
L'Élevage

I am descended from notable cats

Je descends de chats éminents

Aristotle's Cat
Le Chat d'Aristote

Cleopatra's Cat
Le Chat de Cléopâtre

Confucius's Cat
Le Chat de Confucius

Da Vinci's Cat

Le Chat de Léonardo

Einstein's Cat

Le Chat d'Einstein

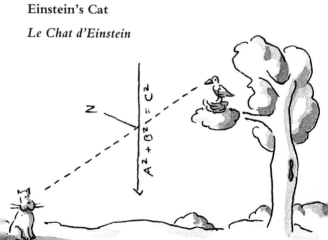

Seurat's Cat

Le Chat de Seurat

Freud's Cat

Le Chat de Freud

Connoisseurship
Le Fin Palais du Connaisseur

The most delicious water is invariably found in the toilet bowl

On trouvera toujours l'eau la plus délectable dans la cuvette des toilettes

Magnificent bouquet! And no bitter sink flavor or faucetty aftertaste

Quel bouquet magnifique! Et aucune saveur amère d'évier ou d'arrière-goût de robinet

Plant water also has a nice full body and a smooth finish

L'eau dans la soucoupe d'une plante en pot a aussi beaucoup de corps et est moelleuse en bouche

And puddles have a pleasant floral aroma and rich, earthy, almost oaky, undertones

Et les flaques ont un arôme agréable de fleurs et des nuances grasses de terre et de chêne

But really, for refinement, subtlety, and that indescribable flourish, nothing can compare to toilet water

Mais à vrai dire, pour le raffinement, la subtilité, et le panache indescriptible, il n'y a rien qui est comparable à l'eau des toilettes

Gastronomy
La Gastronomie

It is absolutely essential that fish be fresh

Il est absolument nécessaire que les poissons soient frais

Simplicity of preparation and presentation is also very important

La simplicité de la préparation et de la présentation est également de toute première importance

I cannot understand why anyone would ruin such a delicacy by cooking it

Je ne comprends pas pourquoi l'on gâcherait un mets si délicat en le faisant cuire

The slightly mossy-tasting bowl water is
an excellent accompaniment to this dish

*L'eau du bol a un goût un peu moussu qui
accompagne très bien ce plat*

Music Appreciation
La Critique Musicale

I like Brahms, Chopin, and Debussy

J'aime Brahms, Chopin, et Debussy

I hate Stravinsky

Je déteste Stravinsky

I don't mind Bach and Mozart
as long as there is no singing

*Je veux bien écouter Bach et
Mozart pourvu que personne
ne chante*

Aesthetic Judgment
Le Sentiment Esthétique

Cheap knickknacks simply
are not worth breaking

*Les bibelots de peu de valeur
ne valent pas la peine qu'on
les casse*

At first glance this vase appears authentic,
but the garish coloration betrays its
dubious provenance

*À première vue ce vase paraît être authentique,
mais ses couleurs voyantes révèlent sa
provenance douteuse*

There is no mistaking the sound of genuine
hand-blown crystal

*Il n'y a pas à se méprendre sur le son du véritable
cristal soufflé*

This piece was unquestionably a valuable antique

Cette chose était incontestablement une antiquité précieuse

Philosophy: The Rationalist
La Philosophie: Le Rationaliste

I nap, therefore I am

Je fais un somme, donc je suis

I sit and stare, therefore I am

Je reste assis et regarde au loin, donc je suis

I go berserk, therefore I am

Je deviens fou, donc je suis

The Existentialist
L'Existentialiste

Have I caught this mouse, or is it not in fact I who am trapped by the obligations of my own nature?

Ai-je attrapé cette souris ou est-ce que c'est moi qui suis en fait pris au piège de l'obligation de ma propre nature?

Recognizing the utter absence of free will is the sole action that one is truly free to make

Reconnaître le manque absolu de libre arbitre, c'est le seul acte que l'on est vraiment libre de faire

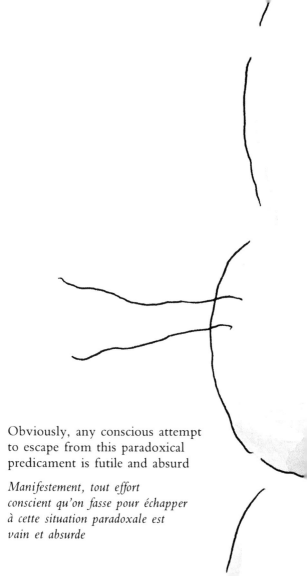

Obviously, any conscious attempt
to escape from this paradoxical
predicament is futile and absurd

*Manifestement, tout effort
conscient qu'on fasse pour échapper
à cette situation paradoxale est
vain et absurde*

The Hedonist
L'Hédoniste

I like a little catnip now and then

J'aime savourer un peu d'herbe-aux-chats de temps en temps

But, needless to say, I can take it or leave it alone

Mais, il va de soi que je peux la prendre ou la laisser

I wonder if there are cats on other planets

Je me demande s'il y a des chats sur les autres planètes

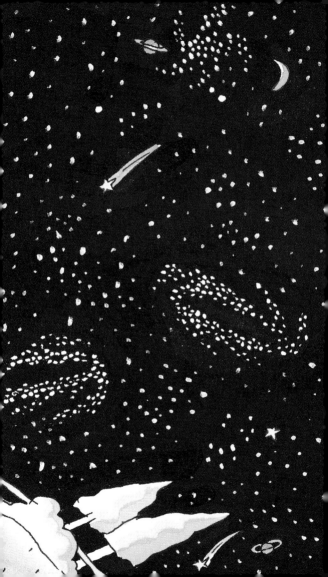

I wonder if mice dream

Je me demande si les souris rêvent

I wonder if the box of kitty treats was left open

Je me demande si la boîte de régal-chatons a été laissée ouverte

The Forms of Address
Les Règles du Protocole

Impolite

Impoli

Here kitty kitty kitty!

Viens minou, minou, minou!

Polite

Poli

Would you be so kind
as to return home at
your earliest convenience,
my dear cat?

Mon cher chat, je vous en prie,
ayez la bonté de revenir
à la maison dès que
vous pourrez

Slang
L'Argot

Beat it, you ugly mongrel! You're a real pain in the derriere, you stupid twerp! Why don't you go chase cars like the other dumb mutts?

Hé! Toi! Le clebs moche! Allez, fous-moi le camp d'ici! Espèce de connard, tu m'emmerdes vachement! Pourquoi ne cours-tu pas après les bagnoles comme les autres cabots débiles?

Grammar: The Voices
La Grammaire: Les Voix

Active

Active

This new dried food tastes like driveway gravel

Ces nouveaux vivres secs ont un goût de gravier

Passive

Passive

This revolting crud will never be eaten by me

Ce fumier dégueulasse ne sera jamais mangé par moi

Impersonal

Impersonnelle

One is truly surprised to find such hideous
foodstuffs in one's bowl

*On est vraiment surpris de découvrir des aliments
aussi affreux dans son bol*

The Moods
Les Modes

Indicative

Indicatif

I am inside, and I want to go out

Je suis dedans, et je veux sortir

Conditional

Conditionnel

I am outside, and I would like to come in

Je suis dehors, et je voudrais rentrer

Subjunctive

Subjonctif

It is my wish that I be let in right now

Je veux que vous me laissiez entrer tout de suite

Imperative
Impératif

Open the damn door!

Ouvrez cette foutue porte!

The Tenses
Les Temps

Past

Passé

Past Puzzling

Passé Bizarre

Present

Présent

Present Unpredictable

Présent Impulsif

Future

Futur

Future Incomprehensible

Futur Énigmatique

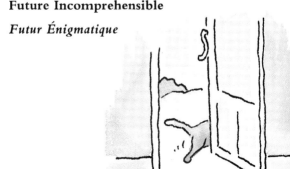

Wanderlust
La Passion des Voyages

Every now and then, I feel a need
to disappear for a while

*De temps à autre, j'éprouve le besoin
de disparaître pendant quelques temps*

They all probably think I'm up a
tree in the neighbor's yard

Tout le monde croit, sans doute,
que je suis en haut d'un arbre
dans le jardin de la maison d'à côté

I prefer a window seat

Moi, j'aime mieux le siège près de la fenêtre

The birds here seem a little slower than the ones back home

Les oiseaux d'ici me semblent être un peu plus lents que ceux de chez moi

The Must-See Sights
Les Sites Qui Valent le Voyage

The Louvre

Le Louvre

Silk brocade is the ideal nap surface

Le brocart en soie est la surface idéale pour le somme

The Eiffel Tower
La Tour Eiffel

Fortunately, there is an elevator to get down on

Heureusement, il y a un ascenseur pour descendre

The Cafes
Les Cafés

Even the simplest
liver snacks taste
exquisite in surroundings
as charming as these

*Même les amuse-gueule
au foie les plus simples
ont un goût exquis dans
un endroit aussi
charmant que celui-ci*

The Gardens at Versailles

Les Jardins de Versailles

You could see a chipmunk from a mile
away in a yard laid out as neatly as this

*Vous pourriez voir un suisse à une distance
de presque deux kilomètres dans un parc
arrangé d'une manière aussi soignée que celui-ci*

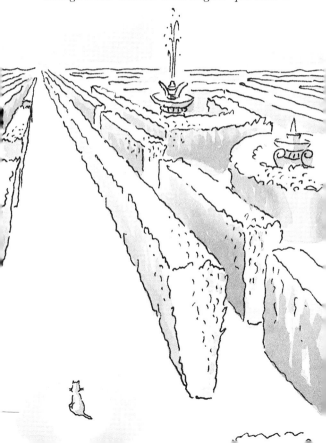

The Sights to Avoid
Les Sites Que l'On Peut Omettre

The Arc de Triomphe
L'Arc de Triomphe

I wish every dog in the
world would come here
and try to chase these things

*Je voudrais que tous les chiens du monde
viennent ici et essaient de courir après ces machins*

Euro Disneyland

L'Euro Disneyland

What is the purpose of an amusement park
with humans in mouse costumes and
no actual mice?

*Quel est le but de construire un parc d'attractions
avec des humains habillés en souris
mais sans aucune souris véritable?*

The Museum of Cat Toys

Le Musée des Jouets

They were boring then, and they are boring now

Ils étaient ennuyeux à l'époque, et ils sont tout aussi ennuyeux maintenant

The Nightclubs of Montmartre
Les Boîtes de Nuit de Montmartre

A classic case of false advertising

Un exemple classique de la publicité fallacieuse

The Three-Star Meal
Le Grand Repas à Trois Étoiles

The Appetizers
Les Hors-d'oeuvre

Brace of trapped mice

La paire de souris piégées

Canary in its own cage

Le canari dans sa cage

Vole running around like crazy
in a bowl it can't get out of

*Le campagnol courant comme un
fou dans une jatte de laquelle il
ne peut pas sortir*

Salad

La Salade

The rare and expensive houseplant in a
breakable pot

La plante rare et coûteuse en pot cassable

The Beverages

Les Boissons

Five-day-old water from a plant dish in the Botanical Gardens

De l'eau vieille de cinq jours provenant d'une soucoupe dans le Jardin Botanique

Rainwater from a puddle in the Bois de Boulogne

De l'eau de pluie d'une flaque du Bois de Boulogne

Slightly sudsy water from the fountain in the Place de la Concorde

De l'eau un peu mousseuse du bassin de la Place de la Concorde

Toilet water from the presidential suite at the Hotel Ritz

De l'eau des toilettes de l'appartement présidentiel de l'Hôtel Ritz

The Side Dishes

Les Entremets

Tasty tidbits such as one might find on the floor

Les petites friandises variées telles que l'on pourrait en trouver sur le parquet

The Main Course

Le Plat de Résistance

The ingredients for an entire seafood dinner left sitting unguarded on a sideboard, as if by accident

Les ingrédients pour un dîner complet de fruits de mer qu'on a laissé sans surveillance sur un buffet, comme si c'était par erreur

Dessert
Les Desserts

Mousse of freshly
shredded shrew

*La mousse de musaraigne
fraîchement déchiquetée du jour*

Upside-down nest filled
with baby birds

*Le nid renversé rempli de
bébés oiseaux*

Live hamsters
served right
from the wheel

*Les hamsters
vivants servis à
même la roue*

Assortment of big fat bugs

L'Assortiment de grosses bestioles

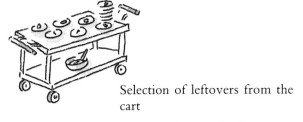

Selection of leftovers from the cart

Sélection de restes du chariot

Choice of premium catnips

Herbe-aux-chats de grande tradition au choix

The Side Trips
Les Excursions

Monte Carlo

Monte-Carlo

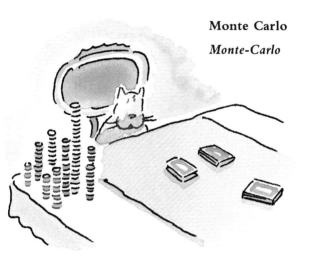

It always amazes me that humans cannot tell which card is which just by its scent

Ce que je trouve toujours étonnant, c'est que les humains ne peuvent pas distinguer les cartes en les flairant

The Cote d'Azur

Le Côte d'Azur

It is not that I am homesick – it's just that I can't bear the thought of those mice playing while I'm away

Ce n'est pas que je sois nostalgique – non, c'est seulement que je ne peux pas souffrir l'idée que les souris dansent quand je suis absent

The promenade deck of an ocean liner is an excellent place to practice the dash, the leap, the jump, the pounce, and the swoop

Le pont promenade d'un paquebot transatlantique est le lieu parfait pour s'entraîner à foncer, sauter, bondir, attaquer, et descendre en piqué

The return to one's territory after a
prolonged absence should be as nonchalant
as possible

*Il faut qu'après un éloignement prolongé
l'on fasse son retour au territoire de la façon
la plus nonchalante*

Curiosité Adorabilité Inscrutabilité

The Mouseillaise

FIRST VERSE:

Arise you kittens of our
motherland
The scent of prey
sounds reveille!
Hallowed nap time now
must cease.
Listen well! Prick up
your ears!
Listen well! Prick up
your ears!
Oh, do you hear there
in our cellars
The squeaks of those
insolent mice?
Who scurry right across
the carpet
To eat the food from
our very bowls!

CHORUS:
Sharpen your claws,
kittizens,
Bare your gleaming
teeth!
Let us bite! Let us bite!
And may a furball
be their only
tombstone!

La Miaouseillaise

PREMIER COUPLET:

Allons, chatons de la
patrie,
L'odeur de proie sonne
le réveil
L'heure du somme sacré
est finie.
Écoutez! Dressez les
oreilles!
Écoutez! Dressez les
oreilles!
Entendez-vous dans les
sous-sols
Crier ces hautaines
souris?
Elles courent même sur
le tapis
Pour dévorer les vivres
dans nos bols!

REFRAIN:
Faites vos griffes,
chatoyens,
Montrez vos dents
brillantes!
Mordons! Mordons!
Qu'une boule de poils
soit leur seul
monument!